EXTRAIT DU
Dictionnaire Biographique des Hommes de l'Est
par Henry CARNOY

J.-P.-ABEL JEANDET

ET

FRANÇOIS-ABEL JEANDET

PARIS

Imprimerie de l'*Armorial Français*

et des *Grands Dictionnaires Biographiques*

G. COLOMBIER, 4, RUE CASSETTE

J.-P.-Abel JEANDET

ET

François-Abel JEANDET

Dᵣ J.-P.-Aʙᴇʟ JEANDET.

JEANDET (Jean-Pierre-Abel), A. ✻, né
le 17 septembre 1816 à Verdun-sur-le-Doubs
(Saône-et-Loire), homme de lettres, médecin,
membre de plusieurs sociétés savantes.

Adresse : Verdun (Saône-et-Loire).

M. Abel Jeandet fit ses premières études de
médecine à Dijon et les mena de front avec de
patientes recherches entreprises sur sa ville
natale aux archives du département. Il était
filleul du savant orientaliste Abel Rémusat,
dont la mort prématurée fut un malheur pour
lui. Bien différente aurait été sa destinée, dé-
sormais limitée à l'horizon étroit de la vie provinciale, si cet appui ne lui eût manqué au
seuil de sa vie laborieuse.

Bachelier ès lettres et ès sciences, il fit ses
études médicales à Dijon et à Paris, fut atta-
ché comme externe à l'hôpital de la Salpê-
trière et prit le grade de docteur en 1851. Dès
longtemps il avait fait de nombreuses incur-
sions dans le domaine des idées religieuses, politiques et sociales; aussi salua-t-il avec joie
l'avènement de la République en 1848. Membre des bureaux, délégué et vice-président des
comités électoraux du XIIe arrondissement de
Paris, il fut désigné, par la démocratie pari-
sienne, au choix des électeurs de son département. Sa candidature à la Constituante n'eut
qu'un demi-succès, et celle pour la Législative,
posée trop tard, fut retirée par lui. Désabusé,
d'ailleurs, de la vie publique par les excès, les

faiblesses et les apostasies de son entourage
politique, il rentra dans son pays natal après
le coup d'Etat et partagea avec son père, ancien chirurgien des armées, ancien maire de
Verdun et médecin distingué, les fatigues de
sa délicate profession. Le conseil municipal de
Verdun leur vota à tous deux des remerci-
ments pour leur courageuse conduite pendant
l'épidémie cholérique de 1854. A la mort de son
père, en 1860, il lui succéda dans diverses fonctions gratuites et charitables. Il présenta au
conseil municipal, en 1861, un mémoire relatif
à la fondation, dans la petite ville de Verdun-
sur-le-Doubs, d'une bibliothèque populaire et
d'un musée d'histoire locale, appuyé de l'offre
gratuite de sa propre bibliothèque et de ses pré-
cieuses collections bourguignonnes, fruits de
vingt ans de recherches et de soins. Il est parlé
avec éloges de cette proposition généreuse et
démocratique dans les *Annales du bibliophile*
de Louis Lacour (1862) et dans le *Journal des
connaissances médicales* du docteur Caffe
(1862). M. Abel Jeandet a été nommé médecin
cantonal, pour le traitement gratuit des indigents, en 1860. Elu vice-président de la société
de secours mutuels de Verdun, puis conseiller
municipal, il eut à remplir, comme adjoint, les
fonctions de maire, et fut nommé maire en
1871. Pendant le rude hiver de 1870-1871, il
transforma sa maison en ambulance, pour y
soigner les blessés et les malades de nos armées
de la Loire et des Vosges. En 1870, on lui of-
frit de poser sa candidature à la députation et
au conseil général; mais il refusa en ces termes : « Fatigué par vingt années de luttes in-
cessantes que j'ai soutenues sans succès pour
l'avénement pacifique des vrais principes répu-
blicains, je me sens fléchir sous les coups du
sort qui accablent notre malheureuse et coupa-
ble patrie. Certes, ma foi n'est pas éteinte, mais
mes forces sont épuisées; mon âme est triste

jusqu'à la mort. Placé entre le chaos du passé et l'obscurité de l'avenir, je médite et j'étudie de nouveau, au milieu de l'anarchie dissolvante du présent, les questions politiques et sociales que je croyais avoir résolues dans ma jeunesse. »

La réputation du laborieux travailleur s'était répandue, et le 1er avril 1873, il était nommé conservateur des Archives historiques de la ville de Lyon. Ce fut une grande mais courte joie pour M. Jeandet; cinq mois plus tard, pour des raisons que nous n'avons pas à apprécier, cet emploi était supprimé par arrêté préfectoral. M. Jeandet dut donc rentrer à Verdun.

L'approbation générale qu'avait reçue la nomination de M. Jeandet au poste de conservateur des archives historiques de la ville de Lyon fait pressentir les sympathies que sa brutale destitution lui valurent. Les témoignages qu'il reçut en cette occasion fournissent, pour sa biographie, des pages touchantes. Nous ne pouvons résister au désir d'en reproduire ici au moins deux comme un pieux hommage que nous aimons à rendre à la mémoire de ses amis :

« Château de Cissey, 5 septembre 1873.

« Bien cher compatriote et ami,

« J'arrive d'un long voyage en Savoie... J'ouvre votre lettre et j'y trouve l'affreuse nouvelle qui me désespère.

« Notre chagrin est réel, croyez-le...

« Dois-je vous dire que ma dernière visite à Lyon a été pour vous et que M. N. m'avait promis très positivement votre conservation... Je croyais qu'il avait plus qu'il ne fallait pour ne pas laisser commettre un tel acte de barbarie...

« Je crois que Ducros ne doit faire qu'à sa tête; c'est une barre de fer... Si je savais pouvoir obtenir le retrait de sa mesure, je me mettrais en cent pour cela...

« Mon parent le général, bien loin d'avoir de l'influence aujourd'hui, est pour ainsi dire traité comme vous. Croyez que je ferais l'impossible pour vous ramener là d'où l'on vous renvoie si sottement au préjudice de Lyon, qui perd un archiviste modèle. Croyez bien que nul ne souffre plus de votre disgrâce que moi et les miens : nous en sommes accablés.

« A vous de cœur, à la vie et à la mort.

       « Louis DE CISSEY.

« *P.-S.* — Excusez la rapidité de ces lignes ; je suis accablé ; il est tard, mais je tiens à vous serrer la main en frère et en ami véritable. »

     « Paris, 9 septembre 1873.

« Eh ! quoi ! mon brave confrère, on vous a brutalement destitué, sans tenir compte de votre passé, de vos travaux, de votre notoriété !

« Ce serait à n'y pas croire, si tout n'était possible avec ces gens-là... Mais votre philosophie prendra le dessus. Je vais voir votre fils ; je vais le consoler ; ne doutez pas de la sympathie que vous et votre fils méritez à tant de titres.

    « A vous de tout cœur,
    « Dr Achille CHEREAU,
   « *Lauréat de l'Académie de médecine,*
   « *Chevalier de la Légion d'honneur.* »

Le préfet Ducros, en traitant Abel Jeandet comme un employé subalterne auquel on donne son congé, avait commis une faute grossière et une grande injustice. C'est ce que Jeandet lui prouva dans une protestation très sérieuse et nourrie de faits qu'il publia sous ce titre : *Cinq mois aux Archives de la ville de Lyon, 1er avril-30 août 1873*, avec cette épigraphe, empruntée à Victor de Tracy : « Avoir raison tout seul, n'est-ce pas la même chose que d'avoir tort ? »

Cette publication, *accablante* pour le préfet Ducros, fit le plus grand honneur à Jeandet, qu'elle nous montre travaillant activement à l'inventaire des Archives et en relations pleines de cordialité avec les Lyonnais les plus distingués de cette époque, tels que : Vital de Valons, le digne conservateur de la bibliothèque du Palais des Arts ; Joséphin Soulary, l'un des plus grands sonnettistes connus ; le Dr Monfalcon, conservateur de la grande bibliothèque de Lyon et auteur de l'*Histoire monumentale* de cette ville, en 8 volumes in-4. Cet ouvrage, qui ne se trouve plus dans le commerce, a été donné à Jeandet, comme le prouve cette dédicace autographe : « Exemplaire n° 96. Offert, au nom de la ville de Lyon, à Monsieur Abel Jeandet, conservateur des Archives de la ville, *en considération* de son dévouement à ses fonctions et aux lettres.

Lyon, 15 mai 1873.

Signé : « J.-B. Monfalcon,
« *Bibliothécaire.* »

Abel Jeandet ne tarda pas à être dédommagé de son injuste destitution par les sympathies que lui témoigna l'honorable M. Martin, maire de Mâcon, en le choisissant pour remplir les fonctions de bibliothécaire et d'archiviste de cette ville. En même temps, le fils d'Abel Jeandet venait l'y rejoindre et prenait la direction du journal *l'Union républicaine*, où il se fit remarquer en traitant des questions politiques, sous le titre de *Carillons*, et en publiant chaque jour une éphéméride historique ou littéraire.

D'un autre côté, l'Académie de Mâcon, dont Abel Jeandet était lauréat depuis 1859, l'accueillait avec un empressement et une cordialité auxquels il répondit d'une manière digne de l'Académie et de lui, par l'intérêt de ses communications.

L'année 1883 fut des plus favorables à Jeandet. Son séjour à Mâcon lui porta bonheur. Le conseil municipal de cette ville, sur la proposition de M. Martin, maire, lui vota une augmentation de traitement, « pour lui témoigner sa satisfaction du zèle et du dévouement qu'il apportait dans ses fonctions de bibliothécaire-archiviste. »

Le 21 juillet de cette même année, il était nommé officier d'Académie *en récompense des services qu'il rendait à la science et à la cause du progrès* (sic). Lorsque Jeandet résolut de prendre sa retraite, M. Vallier, alors maire de Mâcon, lui délivra, le 25 juillet 1884, un certificat dans lequel il attestait que M. Jeandet « n'avait cessé de donner des preuves de dévouement à tous ses devoirs dans le pénible exercice de sa profession, comme médecin du service gratuit des indigents et des épidémies, ainsi que dans les fonctions municipales gratuites de conseiller, d'adjoint au maire et de maire, qu'il a remplies pendant treize ans, enfin dans celles de bibliothécaire-archiviste de la ville de Mâcon, et que, dans sa longue carrière, il s'est concilié l'estime et la considération générales. »

L'Académie de Mâcon s'empressa de s'associer à ce concert d'éloges dans sa séance du 25 mars 1885, où son président, M. C. Deton, rédacteur en chef du *Journal de Saône-et-Loire*, se fit l'interprète, en ces termes, des regrets que causait à tous le départ de M. Abel Jeandet :

« Par sa rare érudition, par son talent d'écrivain, par son aménité et sa courtoisie, a-t-il dit, M. le D\u1d3f Abel Jeandet s'était acquis parmi nous une place à part, et nous avons plus d'une fois applaudi ses savants et remarquables travaux. Ce qui peut adoucir le regret que nous cause ce départ, c'est l'espoir que M. le D\u1d3f Jeandet nous continuera sa précieuse collaboration et se souviendra toujours, dans sa retraite, qu'il compte parmi nous de bons amis. » (Extrait du *Journal de Saône-et-Loire* du 28 mars 1885.)

Nous ne pouvons terminer cette biographie,

trop longue pour l'espace que nous avons à notre disposition, mais trop courte pour faire connaître la vie et les travaux d'Abel Jeandet, sans signaler deux articles, d'une facture spéciale, qui lui ont été consacrés, l'un, dans un grand journal de Paris, *la Patrie* (n° du 12 mars 1884), l'autre, dans une revue provinciale, *le Causeur bourguignon*. Cette publicité donnée à la personnalité d'Abel Jeandet, médecin de campagne, est un fait rare qui mérite d'être signalé.

Le journal *la Patrie*, sous la rubrique *Gazette de Paris* et sous ce titre étrange : *Un Héros de Balzac*, ouvrit ses colonnes à cet article humoristique dont l'extrême bienveillance n'exclut point la vérité, en rappelant les travaux incessants, le patriotisme et le dévouement du Dr Abel Jeandet, ainsi que celui de son digne père, savant modeste, qui fut honoré de l'amitié d'Abel Rémusat, parrain de celui qui est le sujet de cet article. L'article du journal *la Patrie*, en inspira un autre du même genre sous ce titre : *le Médecin de campagne*, et sous la signature *Sam*, qui parut dans *les Tablettes nationales* du mois d'avril 1884.

M. Abel Jeandet est lauréat de l'*Académie des Inscriptions et belles-lettres* et de celle de Mâcon, membre non résidant de l'*Académie de Dijon*, correspondant de la *Société des sciences historiques et naturelles de l'Yonne*, de l'*Académie de l'Aube*, de la *Société d'histoire, de littérature et d'archéologie de Beaune*, des *Sociétés académiques* de Semur-en-Auxois et d'Autun, de la *Société des antiquaires de la Côte-d'Or*, ancien membre de la *Société française pour la conservation des monuments historiques*, etc. Ses travaux historiques, scientifiques et littéraires et son dévouement à la chose publique lui ont valu de flatteuses distinctions. Il a donné le concours de sa collaboration active et désintéressée aux *Annuaires*, aux *Almanachs historiques* et à l'*Album de Saône-et-Loire*, de 1841 à 1854, au *Dictionnaire géographique des communes de France*, de Girault de Saint-Fargeau (1846), à l'*Histoire des villes de France* (1846), aux *Annales du qibliophile* (1863) et à *la Bourgogne*, revue provinciale (1868-1870). De plus, il a fourni beaucoup d'articles concernant l'histoire, la biographie, la bibliographie et la littérature de sa province, ainsi que la politique et la médecine, à plusieurs revues et journaux, tels que le *Feuilleton de Paris*, le *Journal des Connaisances médicales et pharmaceutiques*, la *Mouche de Saône-et-Loire et de l'Ain*, le *Patriote* et le *Démocrate* de Saône-et-Loire! *la Revue bourguignonne*, *la Revue d'Autun*, le *Courrier de Saône-et-Loire*, la *Revue des provinces*, le *Progrès de Saône-et-Loire*, etc. Il est aussi l'un des collaborateurs de la *Nouvelle Biographie générale* de Didot, du recueil *les Poètes français*, etc. Voici comment M. F. Fertiault s'exprimait en juin 1861, dans le *Bulletin de l'Union des poètes*, sur le compte de M. Jeandet (de Verdun) : « Quel est donc, pourra-t-on nous demander, ce consciencieux travailleur? Dans quelle bibliothèque vit donc ce chercheur infatigable qui sait mettre au jour ce que nul n'a connu avant lui? Ce travailleur n'a à sa disposition que le petit monticule de livres qu'un amateur éclairé peut amasser pour son usage lorsqu'il se trouve relégué dans une ville de 1,900 âmes. Ajoutez que l'auteur de *Pontus de Tyard* est loin de posséder tous ses loisirs. Absorbé par une profession dont il sent toute l'importance, il est le docteur de son endroit et n'ambitionne rien de plus que la modeste appellation, dans son sens patriarcal et dévoué, de médecin de campagne. Oui, c'est quand il a couru la journée, qu'il s'est levé la nuit, qu'il a visité les ouvriers, les enfants souffreteux, les mères pauvres, les vieillards impotents, c'est en revenant de ses longues courses, de ses tournées aussi fatigantes que désintéressées, qu'en guise de repos il compulse ses documents et nous prépare quelques-unes de ces pages où la clarté et l'esprit le disputent au savoir. » Beaucoup de littérateurs et de savants distingués ont parlé, dans le même sens, de la personne et des œuvres de M. Jeandet (de Verdun). Les travaux publiés par cet écrivain sont très nombreux et très variés. Leur liste, fort considérable, se trouve dans la plupart des catalogues de librairie. Voici ceux qui ont été plus particulièrement remarqués :

Promenade historique sur la Saône, de Chalon à Verdun, en 1841 ; *Fragments historiques sur Verdun :* Un Concile pour la pacification de la Bourgogne ; *Le Prévôt des Seigneurs de Verdun, au XVe siècle ; Le Président Jeanin, d'Autun :* Notice biographique ; *3e fragment historique sur Verdun :* Guerre de la Réunion de la Bourgogne à la France, en 1477 ; *Notice historique et biographique sur la Famille Du Blé D'Huxelles* (1843); *Notice historique sur Verdun* (in *Annre de Saône-et-Loire,* 1843) ; autre *Notice sur Verdun* (3e édition, augmentée, 1846); *Discours sur le courage civil* (Paris, 1848); *Profession de foi politique à mes concitoyens de Saône-et-Loire* (1848); *Notice historique sur le village de Pierre* (Saône-et-Loire) ; *Notice biographique sur le capitaine Dury; Galerie historique de la Bourgogne,* 1re livraison, xvie siècle ; *Guerriers : Héliodore de Thiard de Bissy et Marguerite de Busseul, son épouse* (1854, in-4°; 2e édit. augm. 1856, in-4°); *Une page de l'histoire inédite de Verdun, en Bourgogne :* Lettre sur les armoiries de cette ville (1854, in-8°); *Un petit Souvenir , s. v. p., à Claude-Robert,* premier auteur de la *Gallia Christiana* (1857);

Les Noëls Bourguignons, de Bernard de la Monnoye, suivi des *Noëls Mâconnais*, avec traduction, par F. F. Fertiault, esquisse littéraire et critique (1858); *Lettre sur les richesses historiques de la Bourgogne* (3° édit., 1844, 50 et 59; avec une préface par F. F. Fertiault (Paris, Aug. Aubry; 1859, XI-43 pages in-8°). Cet ouvrage a valu à son auteur l'honneur d'une délibération du Conseil municipal de la ville de Saint-Jean-de-Losne, par laquelle il vote, à l'unanimité, des félicitations et des remerciements à M. Abel Jeandet. *Etude sur le XVI° Siècle. France et Bourgogne. Pontus de Tyard*, Seigneur de Bissy, évêque de Chalon-sur-Saône (1 vol. in-8° de XII-24 pages). Cet ouvrage, couronné par l'*Académie de Mâcon*, en 1859, et honoré d'une mention de l'*Institut*, a obtenu un tel succès qu'un bibliophile a composé un petit volume avec les articles qui lui ont été consacrés par divers critiques. *Pontus de Tyard, Seigneur de Bissy*, et *Etienne Tabourot, Seigneur des Accords* : esquisses biographiques et littéraires. (Extrait de l'ouvrage *Les Poëtes Français*, publié par M. E. Crepet. Paris, Gide, 4 vol. in-8°, 1861); *Quelques Réflexions à propos du Secret médical dans la question du Mariage:* Lettre au Dr Cafte (1863); *Pages inédites d'histoire provinciale* : Annales de la ville de Verdun, en Bourgogne, 1600-1642. (In *Revue des Provinces*, d'Edouard Fournier, 1864-65); *Introduction*, en tête des *Gerbes déliées*, poésies par L. Goujon (1865); *Avis aux Electeurs*, en tête du petit *Manuel électoral* de Landa (1870); *Post-Face*, en tête du splendide volume de Jules Chevrier : *Chalon-sur-Saône pittoresque et démoli* (in-4° orné de 50 grandes planches à l'eau-forte et d'une centaine de dessins dans le texte (Paris, Quantin. 1883); *Recherches bio-bibliographiques*, pour servir à l'histoire des Sciences naturelles en Bourgogne, et particulièrement dans le département de Saône-et-Loire, depuis le xvi⁰ siècle jusqu'à nos jours. (Lu dans la séance générale de la *Société* du 19 septembre 1880. chap. 1ᵉʳ, Chalon-sur-Saône, imp. L. Marceau, 52 p. in-4⁰); le Dʳ Abel Jeandet a publié une seconde édition de cet ouvrage en 1892, en un charmant volume imprimé par MM. Protat frères, à Mâcon (in-8⁰ de 133 p.). Quelques exemplaires de choix sont précédés d'une *Chronique littéraire* intitulée : *Savant et Patriote*, par M. Ch. Deton, rédacteur en chef du *Journal de Saône-et-Loire*. L'auteur a joint à cet ouvrage une notice très complète sur la vie et les tavaux de Leschenault de la Tour, naturaliste-voyageur et agronome, directeur du Jardin botanique de Pondichéry. Il a donné une généalogie de la famille du naturaliste Leschenault de la Tour, à laquelle Abel Jeandet est allié par sa femme: *Un Peintre Mâconnais inconnu* (lecture faite dans la séance publique de l'*Académie de Mâcon*, du 17 juin 1882 (Mâcon, Protat frères, gr. in-8⁰ de 19 pages); suite d'articles sur l'*Hygiène de l'Enfance*, causerie d'un vieux médecin aux jeunes mères (in *Tablettes nationales* des années 1885-86); *Biographies :* Illustrations Bourguignonnes anciennes et modernes:(P. A. Cap, pharmacien-chimiste et littérateur (23 p. in-8⁰); *Le général Thiard*, ancien député de Saône-et-Loire (Chalon. Landa, 1869, avec une lette du comte d'Estampes, petit-fils du général Thiard, à son ami, Abel Jeandet, 59 p. in-8⁰); *Le Marquis de Thiard*, historien et philologue (Mâcon, impr. Durand, 1884. in-4⁰, 30 p.); *Hygiène de l'Enfance* (suite), in *Le Causeur Bourguignon* (Mâcon, 1884); *Mélanges scientifiques, historiques et biographiques,* (Extrait du *Journal d'un vieux médecin de campagne,* chap. 11; Paris, Schlaeber, 1887, 15 p. in-18) ; *Souvenir du Siège de St-Jean-de-Losne, en 1636* ; *Méthode à suivre* pour la composition des monographies historiques de nos villes et de nos villages. (Rapport lu à la séance de l'*Académie de Mâcon* du 26 août 1886, extrait des *Annales de l'Académie*. Mâcon. Protat frères, 1888, in-8º); *Mort de Marguerite de Busseul.* (Lecture faite à la séance publique annuelle de l'*Académie de Mâcon* du 26 mai 1888, 11 pag. in-8º); *Le vicomte de Tavanne* (Lecture faite à la séance publique annuelle de l'*Académie de Mâcon* du 19 avril 1890, Mâcon, Protat frères, in-8º, 10 p.); *Mâcon au XVIº siècle.* Aperçu historique et littéraire. (Extrait des *Annales de l'Académie de Mâcon*, 1 vol. in-8º de 247 pages). Ce travail sur l'histoire de la ville de Mâcon est le premier de ce genre qui ait été composé sur cette ville, qui n'a jamais eu d'historiens sérieux et compétents : Il a le mérite d'être le fruit de recherches consciencieuses faites dans les archives de Mâcon, et de fournir des documents inédits et authentiques pour l'histoire de cette ville. Le premier essai sur ce sujet intéressant est le discours d'Abel Jeandet, prononcé lors de sa réception à l'*Académie de Mâcon*, le 31 mai 1883. C'est ce discours, augmenté de notes aussi nombreuses qu'importantes, qui lui a fourni la matière du volume : *Mâcon au XVIᵉ siècle*, mentionné ci-dessus ; l'auteur en a fait tirer quelques exemplaires de choix ; *Pages inédites d'histoire de Bourgogne au XVIº siècle :* Fragments des *Annales* de la ville de Verdun-sur-Saône-et-Doubs (Dijon, Darautière, 1892. 1 vol. in-8º de XXXII-470 pages). Cet ouvrage est dédié par son auteur à la mémoire de son fils unique et bien-aimé, tué le 2 septembre 1890, au Sénégal, au cours d'une mission diplomatique et militaire. Il était administrateur et commandant des contingents indigènes. La distinction dont la commission des *Antiquités de la Côte-d'Or* a honoré cet ouvrage, en lui décernant le prix *Saint-Seine*, dans sa séance du 1ᵉʳ mai 1893, nous dispense de lui donner des éloges. Pour juger de la valeur de ce prix, fondé en 1865, par le marquis de Saint-Seine, il faut savoir qu'il n'est décerné, au concours, que tous les cinq ans, à l'auteur du meilleur travail publié sur l'histoire de la Bourgogne, pendant une période de cinq années consécutives.

Nous rappelons qu'Abel Jeandet n'est resté étranger à aucune des manifestations patriotiques et généreuses de son époque.

Nous le voyons en 1863 et 1864 prêter son concours au Comité franco-polonais, en ouvrant une souscription pour venir en aide à ces héroïques victimes que nous nommions, alors, *nos frères du Nord*.

Eu 1866, il recueille des souscriptions pour le rachat de la Tour de Jeanne d'Arc, à Rouen.

En 1876, il répond à l'appel du Comité de l'Union franco-américaine, pour l'érection d'un monument à l'occasion du centième anniversaire de l'Indépendance des Etats-Unis d'Amérique, à laquelle nos pères avaient contribué.

SOURCES : *Biogr. et Dict. des Littérateurs et des Savants Français contemp.*, de Guyot de Fère (Paris, 1859-63); *Biogr. nationale des Contemp.* (Paris, Glaser et Cᵉ, 1872); A. de Gubernatis, *Dict. internat. des Ecrivains du jour* (Florence, 1888); *Mémoires de l'Acad des Sc., Arts et Belles-Lettres de Dijon* (T. 2, 4ᵉ série, Darautière, 1890. etc.).

Académie des Sciences, Arts et Belles-Lettres de Dijon

Séance du 26 Février 1889 a decerné a Mr Abel Jean

mbre correspondant de l'académie une medaille d'

François-Abel JEANDET.

JEANDET (François - Abel), est né le 6 février 1852 à Verdun-sur-le-Doubs (Saône-et-Loire); il fit de fort bonnes études au collège de l'Arc, à Dôle (Jura). A l'âge de seize ans, il eut le courage de sauver deux personnes qui se noyaient dans le Doubs. Le ministre de l'instruction publique adressa ses félicitations à ce jeune homme, dont la noble action fut mentionnée au *Bulletin de l'Instruction publique*. Reçu bachelier ès lettres et bachelier ès sciences, il se destina à la médecine. Ses études furent interrompues par la guerre de 1870. Il revint à Verdun seconder son père, qui avait établi dans sa maison et à ses frais une ambulance, où il contracta la variole. Le zèle, l'intelligence, le patriotisme et les connaissances médico-chirurgicales dont il fit preuve dans ces circonstances lui valurent une lettre de félicitations du Dr Riant, médecin-inspecteur des ambulances de l'Est.

Abel Jeandet s'engagea le 6 octobre 1873, « petit soldat de la défaite, écrivait-il, quand je rêvais d'être celui de la revanche ». Il devint vite sous-officier et fut libéré du service le 19 septembre 1877. Il reprit à Paris ses études de médecine, qui furent interrompues avant le doctorat par son mariage avec la fille du général belge comte Van der Meere de Cruyshautem, qu'il perdit après treize mois de mariage. Il renonça à la médecine et chercha sa voie dans le journalisme. Il collabora comme principal rédacteur à *l'Union républicaine* de Mâcon, où il publia, sous le titre de *Carillons*, des articles politiques fort remarqués. Il donna aussi de nombreux articles à la *Médecine populaire* du Dr Félix Brémond, de Paris, et fonda une feuille littéraire : *le Causeur bourguignon*. Il fut reçu membre de la *Société des Sciences naturelles* de Saône-et-Loire, membre correspondant de l'*Académie* de Mâcon et de l'*Académie* de Vaucluse, dont il était lauréat.

En 1882, l'*Académie* de Vaucluse avait ouvert un concours. Le sujet était *l'Eloge de Philippe de Girard.* Quinze compositions furent adressées à l'*Académie.* Celle de M. Jeandet obtint la première médaille. M. Duhamel disait, en parlant du mémoire de M. Jeandet : « Le dévouement et le patriotisme de Philippe de Girard trouvent en M. Jeandet un admirateur fervent. Après avoir raconté les malheurs de l'inventeur, il s'écrie :
« Alors cet homme, jusque-là si fort, se courba
« sous le vent de l'adversité. Il faillit aban-
« donner la lutte, délaisser cette part d'héri-
« tage qu'il avait engagée pour la gloire de la
« France, fuir pour toujours le sol natal, en
« lui jetant, comme le vainqueur de Carthage,
« une suprême malédiction dans un dernier
« sanglot. Mais son amour de la patrie, de la
« famille, du foyer domestique, avec le souve-
« nir de ses joies, de ses douleurs elles-mêmes,
« releva son courage abattu. Au lieu d'une
« malédiction, ses lèvres ne laissèrent échapper
« qu'un cri d'espérance : *Moriar in patria.*»

Le jour où, disant adieu à la France, à sa famille, à son foyer, Abel Jeandet s'embarqua pour le Sénégal, il a dû s'écrier lui aussi, comme son héros Philippe de Girard : *Moriar in patria,* Mais les trois mots qui pourraient être inscrits en tête de cette notice sont : *Moriar pro patria.* Si Abel Jeandet n'eut pas le bonheur de mourir dans sa patrie, il eut le glorieux honneur et cette rare fortune de mourir pour elle.

Auteur d'écrits distingués, parmi lesquels je citerai *le 18ᵉ de ligne*, œuvre d'une délicatesse exquise et d'un charme infini, où il avait mis tout son cœur, toute la finesse de son esprit, Abel Jeandet aurait pu marquer sa place dans la pléiade de nos jeunes écrivains de la bonne école et de la saine littérature. Telle n'était pas sa destinée.

En août 1884, Abel Jeandet devint chef du cabinet de M. René Laffon, préfet de Saône-et-Loire. En novembre, il fut appelé auprès de M. Schnerb, préfet de la Gironde, puis dans les Pyrénées-Orientales, dont M. Mordon était préfet. Ce poste fut pour son titulaire la réalisation d'un rêve : la bienveillance de son préfet, l'estime et l'amitié qu'il lui témoigna, réjouirent son cœur aimant en lui rappelant les intimités de la vie de famille. M. Mordon fut nommé l'année suivante trésorier général du département de Vaucluse ; il se sépara de M. Jeandet avec regret, et celui-ci accepta une place d'administrateur commandant au Sénégal, qui lui était offerte par M. René Laffon, son premier préfet. Avant de quitter la France, Abel revint en Bourgogne prendre congé de ses parents ; il les quitta le 2 novembre 1886, et le 5 s'embarqua à Bordeaux à bord du *Congo*. A son arrivée au Sénégal, il fut nommé commandant de cercle à Louga.

Les pages suivantes sont extraites textuellement des notes officielles de M. Clément Thomas, gouverneur du Sénégal :

« Le cercle de Louga comprenait : le N'Diambour et le Guick Mérina Diop.

« Jeandet acquit promptement, bien que débutant dans le pays et ayant pour ses débuts un terrain neuf, une autorité et une influence considérables.

« Le bour (roi) du N'Diambour, Ibrahima N'Diaye, le Bay Sol, chef du N'Guick Mérina Diop, Madior Toro, leurs principaux kangam (grands officiers) l'adoraient, comme, du reste, le dernier homme du peuple.

« Il y avait peu de temps qu'il commandait ce cercle lorsque fut décidée la colonne du Rip, contre Saër Maty, qui menaçait le Saloum, après s'être rendu maître du Rip et d'une bonne partie du Niani. Le bruit courut bientôt que Aly Boury N'Diage, bourba (roi) du D'yoloff, avait l'intention de faire cause commune avec le marabout du Rip. Les renseignements fournis par les espions envoyés par Jeandet confirmèrent tous ces bruits.

« Jeandet reçut l'ordre de mettre sur pied les contingents des deux provinces placées sous son commandement et d'aller se porter sur la frontière du côté du D'Yoloff, pour le menacer d'une invasion et l'obliger à rester tranquille.

« Pendant trois mois, Jeandet dut se tenir dans ce poste périlleux. Il mit ce temps à profit pour étudier et organiser le pays et pour y établir notre influence. En même temps, il habitua les contingents indigènes à obéir au commandement et à exécuter certaines manœuvres ; il avait tellement assoupli ces guerriers si indisciplinés que, plus de deux ans après, leur ensemble faisait encore dire qu'ils manœuvraient comme de vrais soldats.

« Peu de temps après sa rentrée à Louga, Jeandet fut appelé à Saint-Louis à la direction des affaires politiques.

« Il en sortit pour aller prendre le commandement du cercle de Podor, dans le Toro, qui avait alors pour lam (roi) Boubakar Sidirek.

« La mission de Jeandet consistait principalement à faire rentrer sous l'autorité du Lam Toro le groupe important des Alaïbés, qui ne pouvaient se faire à l'autorité brouillonne, pillarde et indigne du lam, dont les séparait déjà la différence d'origine et de race.

« Jeandet réussit, tout en se faisant des amis de tous les notables Aleïbés, à leur faire accepter quelque temps encore le commandement du lam Sidirek Boubakar. Mais, au cours de sa tournée, Jeandet avait pu voir, malgré le mutisme épeuré des gens du Toro, que le lam Sidirek Boubakar était profondément impopulaire et qu'il accablait le pays de ses exactions, de ses pillages et de ses vols. Un rapport nourri de faits, rédigé par Jeandet et envoyé au gouverneur, amena la déposition de Boubakar Sidirek et obligea de procéder à l'élection d'un autre chef à sa place.

« En attendant le moment où les nouvelles élections devaient avoir lieu, Boubakar Sidirek, qui avait de nombreux amis, des parents même dans Saint-Louis, essaya de faire jouer ces influences pour obtenir d'être nommé de nouveau par le gouverneur. Les chefs d'une grosse maison de Saint-Louis essayèrent d'influencer Jeandet. Le lam Boubakar Sidirck, qui jugeait probablement tout le monde d'après son propre niveau moral et celui de quelques-uns de ses souteneurs, fit offrir à Jeandet une forte somme d'argent et de riches cadeaux s'il voulait bien ne pas s'opposer à sa réélection. Inutile d'ajouter pour qui connaissait Jeandet que toutes ces insinuations furent repoussés avec mépris. Se doutait-il, ce noble cœur, qu'il venait de s'attirer des haines à Saint-Louis et dans le Toro, des haines qui ne devaient pas désarmer? Mais l'eût-il su, qu'il n'aurait point hésité davantage.

« Quelque temps avant la destitution de Boubakar Sidirck, Jeandet avait eu une mission périlleuse à remplir. Il s'agissait d'aller arrêter, au milieu du village de Paté Gallo, un nommé Edy, traitant de Saint-Louis, qui, quelque temps auparavant, avait ameuté les habitants du village contre un petit détachement de spahis et les avait même déterminés, donnant lui-même l'exemple, à tirer des coups de fusil sur nos soldats.

« Il était audacieux de procéder à l'exécution du mandat d'amener dans les conditions où se trouvait placé le commandant Jeandet, sans troupe, sans gendarmerie, sans police même, il n'avait à compter que sur son courage, son énergie, son adresse. Jeandet, sans hésitation aucune, sans présenter la moindre observation, sauta immédiatement à cheval, accompagné de son interprète et de quelques indigènes de bonne volonté. Par une marche forcée qui fut extrêmement pénible à cause de la chaleur qui s'ajoutait aux pluies torrentielles de l'hivernage, sans s'être arrêté autrement que pour faire souffler et boire un peu les montures, sans prendre lui-même de nourriture, il arriva au milieu de la nuit à Gallo Paté. Après avoir fait reconnaître les environs du village, puis le village lui-même, par un des hommes qui l'accompagnaient et dont la présence toute naturelle ne pouvait donner l'éveil, Jeandet entra lui-même le sabre à la main, le revolver au poing, et se rendit tout droit à la case du chef du village, qu'il obligea à lui montrer l'endroit où habitait Edy. Au milieu des gens de la case qui commençaient à se réveiller en grommelant, Jeandet, saisissant Edy par le bras, le força à se lever et à marcher devant lui, en lui déclarant qu'au moindre cri, au moindre mouvement de fuite, il lui brûlait la cervelle. Quelques minutes après, on était hors du village et on avait rejoint le petit groupe de cavaliers d'escorte. On se remit aussitôt en selle pour éviter une poursuite des gens de Gallo Paté, qui, réveillés et prévenus par le chef, pouvaient essayer de reprendre le prisonnier, et l'on ne s'arrêta que deux heures plus tard, après le passage d'un marigot. Hommes et bêtes, rompus par la fatigue, avaient le plus grand besoin d'un instant de repos et d'un peu de nourriture.

« A la fin de 1888, Jeandet rentrait en France pour y jouir d'un congé de convalescence, après avoir assuré l'élection d'un nouveau Lam Toro et avoir procédé à son installation.

« Rentré au Sénégal en mars 1889, Jeandet prenait le commandement de Saint-Louis et de sa banlieue, auquel on adjoignait encore le commandement du N'Diambour et du Guick Mérina Diop.

« Peu de temps après, Jeandet était envoyé en mission sur la rive droite du fleuve, où les Maures Trarzas allaient, d'accord avec les Maures Dowich, écraser les derniers restes des Maures Braknas. Il réussit à les faire rester tranquilles et à obtenir des promesses formelles du maintien de la paix.

« Au mois de juin. Jeandet prenait de nouveau la direction des affaires politiques du Sénégal et dépendances et, peu de temps après, partait en mission dans le D'Yoloff, dont le bourba (roi), sous l'influence et l'habile politique de Jeandet, cherchait depuis quelque temps à conclure un traité de paix avec nous. Jeandet, sur la demande du bourba, fut chargé d'aller le négocier et d'établir sur ce vaste royaume le protectorat de la France, qu'il réussit à faire accepter. Ce succès important nous fut fort utile plus tard, par les relations que Jeandet se créa dans ce pays ; il en profita pour l'étudier et le connaître, ce qui, lors de la colonne du D'Yoloff, le mit à même d'être fort utile, indispensable même au colonel Dodds.

« Au mois de septembre de la même année, Jeandet prenait le commandement du Cayor, du N'Guick Mérina et du N'Diambour. Là, comme partout, il se fit adorer et respecter des indigènes. *Il est impossible, d'ailleurs, d'entrer dans le détail des services qu'il rendit.*

« Signalons les efforts qu'il fit, avec beaucoup d'intelligence et de courage, pour faire rentrer le M'Basvar, province où des intrigues partant de Saint-Louis, comme les intrigues en faveur de Boubakar Sidirck, entretenait une certaine agitation et la non-reconnaissance du système du gouvernement installé par nous. Jeandet réussit pleinement dans cette difficile et périlleuse mission ; mais là encore, et comme dans la révocation du lam, il soulevait des animosités et des haines du parti antifrançais, animosités et haines qui essayèrent de se faire jour par de basses calomnies ; mais ses chefs connaissaient le dessous des cartes, et calomnies et calomniateurs furent écartés avec mépris, tandis que Jeandet recevait des encouragements et des félicitations.

« Signalons encore l'aide et le concours intelligents et infatigables qu'il apporta à l'œuvre de pacification et de transformation du Baol en mobilisant les contingents du Cayor pour la surveillance de la frontière et en s'emparant du roi de ce pays et de tout son entourage : 200 cavaliers. Le commandant Jeandet accomplit cet acte de bravoure et d'audace, sans tirer un coup de fusil, n'ayant avec lui qu'une trentaine de cavaliers. Puis ses efforts pour créer des routes dans le Cayor ; et nous arrivons à la part qu'il prit à la colonne du D'Yoloff. Chargé de réunir et de commander les contingents du N'Diambour et du Cayor pour coopérer à l'expédition commandée par le colonel Dodds, Jeandet se mit en campagne, et l'autorité qu'il avait sur les indigènes se fit bientôt sentir aux yeux des plus prévenus. Il nous a été donné d'entendre des officiers de troupes exprimer leur étonnement en voyant des Gaums Wolofs obéir au commandement et faire preuve d'un tel esprit de discipline qu'on put soulager les troupes d'infanterie de marine en faisant faire par les gens du Cayor une forte partie du service de garde, service auquel ils sont le plus réfractaires.

« Voici ce qu'à la fin de la colonne, le commandant supérieur des troupes, colonel Dodds, écrivait au gouverneur du Sénégal :

« Je crois devoir vous signaler comme méri-
« tant particulièrement d'être récompensée la
« conduite de M. le commandant Jeandet.

« Chargé, au début des opérations, de la
« concentration et de l'organisation des con-
« tingents du Cayor, puis, dans le D'Yoloff, de
« la direction générale des auxiliaires réunis,
« M. Jeandet a rempli sa mission avec une rare
« intelligence et une grande énergie; pendant
« toute la durée de la colonne, son zèle ne s'est
« pas démenti un seul instant. Dans toutes les
« circonstances, il n'a cessé de me prêter un
« concours aussi actif que précieux et dévoué.
« Je considérerai comme une récompense per-
« sonnelle tout ce que vous voudrez bien faire
« en faveur de M. Jeandet, et *je demande*
« *pour lui la croix de la Légion d'honneur.*»

« Un mois à peine après son retour du D'Yoloff, un nouvel appel était fait à l'intelligence et au dévouement de Jeandet.

« Sous l'influence des excitations religieuses et politiques venues du royaume de Ségou et du Fouta central, le Toro, dont le lam élu à l'époque du commandement de Jeandet était mort, commençait à s'agiter et à présenter de nombreux symptômes d'une véritable hostilité.

« Par sa connaissance antérieure du pays, par l'autorité qu'il y avait conquise, par les sympathies qu'il y avait laissées, Jeandet était plus à même que qui que ce fût de ramener la paix et la confiance, de préparer et d'établir une nouvelle constitution, d'inaugurer la nouvelle ligne politique dont le besoin se faisait si vivement sentir.

« C'était un dur sacrifice, nécessitant une bien grande abnégation, qu'on lui demandait;

les pluies étaient commencées, la saison des fièvres était dans son plein et Jeandet était assez fatigué pour songer à rentrer en France en congé de convalescence.

« Cependant il n'eut pas un instant d'hésitation et se mit en route. Après des marches et contre-marches pénibles, des palabres interminables et fatigants, il réussissait à obtenir dans une assemblée générale des chefs et des notables de tout le Toro la promesse de vivre en paix, de nous payer un léger tribut, de coopérer avec nos troupes contre tout agitateur toucouleur. En même temps, les lam (rois) du Toro étaient supprimés et chaque groupe devenait indépendant.

« Cette transformation ne pouvait être du goût de tout le monde : Boubakar Sidirck, qui avait toujours espéré redevenir lam un jour, quelques ambitieux qui nourrissaient l'espoir de succéder à Sidi Abdoul, qui, comme son prédécesseur, mourait *phtisique* ou plus probablement empoisonné, ne pouvaient accepter gaiement le nouveau régime, qui dérangeait à jamais leurs projets ambitieux et rendait inutiles leurs intrigues.

« Après cette mission, Jeandet rentrait se reposer un peu à Podor. Il était assez malade pour n'avoir pu envoyer qu'un simple résumé télégraphique de son œuvre. Mais il était trop énergique pour se laisser abattre ; il se relevait, et sur ses propres indications, sur sa propre demande, on lui donnait à nouveau l'ordre de se mettre en route.

« Il s'agissait, cette fois, de grouper rapidement les contingents du Toro et de se porter sur la frontière orientale, de façon à être prêt, selon les événements, soit à menacer le Fouta central, sur la rive gauche, soit à courir à la poursuite de l'éternel agitateur toucouleur Abdoul Boubakar.

« C'est au moment où il venait de réunir les

coutingénts à Aéré, où il attendait les ordres définitifs, qu'il fut assassiné, non pas, comme depuis on a essayé de le faire croire, par une vengeance personnelle, mais victime d'un complot politique dont Boubakar Sidirck était une des têtes.

« Boubakar Sidirck n'avait pu pardonner ni sa révocation ni le régime nouveau, et comme il attribuait l'un et l'autre à la seule influence de Jeandet, il avait voulu le faire disparaître ; stupide aberration d'une brute qui nous a fait perdre un homme de tant de valeur intellectuelle et morale. »

M. Clément Thomas, gouverneur du Sénégal, fit annoncer en ces termes la mort d'Abel Jeandet dans le *Journal officiel du Sénégal et dépendances* du jeudi 4 septembre 1890, avec encadrement de deuil :

« Le 2 septembre, à 9 heures du matin, M. Jeandet (Abel), administrateur colonial commandant le cercle de Podor, a été assassiné, au Grand-Aéré, par un Toucouleur nommé Baydi Katié. Une pluie battante avait obligé tous les gens qui entouraient M. Jeandet à se disperser pour se mettre à l'abri. Baydi Katié s'approcha de sa case où, près de la porte, M. Jeandet s'était allongé en fumant sa cigarette, et lui déchargea son fusil chargé de trois balles, à bout portant, dans l'aisselle gauche ; les balles sortirent de l'autre côté de la poitrine. La mort fut instantanée.

« M. Jeandet, administrateur d'une grande valeur, était aimé et estimé de ses chefs, qui savaient tout ce qu'on pouvait attendre de lui ; de ses collègues, qui trouvaient en lui un camarade dévoué et sûr ; de la population européenne, qui rendait justice à ses qualités d'homme privé et de fonctionnaire, et enfin de tous les indigènes, qui sentaient en lui un chef qui, tout en sachant les commander, les aimait.

« Doué d'une grande bravoure, d'une intelligence vive et souple, d'une instruction brillante et étendue, sachant manier l'indigène, M. Jeandet, successivement administrateur des cercles de Louga, Podor, Tivavouane, et directeur des affaires politiques, avait été souvent chargé de missions délicates ou périlleuses dont il s'était tiré à son honneur. Aussi, récemment le gouverneur demandait-il pour lui, au département, la croix de la Légion d'honneur, qui certes n'aurait jamais reposé sur un cœur plus noble.

« Puissent les regrets universels causés dans la colonie par la mort de Jeandet adoucir un peu pour ses parents, si justement fiers de leur fils et qui l'entouraient d'une si vive et si tendre affection, l'amertume de la cruelle perte qui vient inopinément les frapper. »

Parmi les nombreux journaux qui ont entretenu leurs lecteurs de la mort funeste du commandant Jeandet, nous citerons le *Gil Blas* et le *Salut public*, qui ont publié un article de M. Fernand Xau, rempli de détails curieux.

Ce ne serait pas une notice, mais un livre entier qu'il faudrait pour contenir le récit de tous les actes de bravoure accomplis par le commandant Abel Jeandet.

Abel Jeandet est un véritable héros de roman, un preux des anciens jours, un chevalier sans peur et sans reproche; nous ne saurions mieux terminer l'esquisse biographique que nous lui consacrons qu'en racontant, d'après le *Journal officiel du Sénégal*, l'inauguration du monument élevé à sa mémoire dans la colonie à laquelle il s'est sacrifié :

« Le 11 avril 1894 a eu lieu à Podor l'inauguration du monument élevé à la mémoire d'Abel Jeandet, administrateur colonial, tué à Aéré le 2 septembre 1890. Les événements qui ont précédé la colonne du Fouta sont encore trop récents pour qu'il y ait lieu d'en rappeler les détails. C'est au moment où Jeandet, suivant les instructions qu'il avait reçues, allait à la tête des contingents du Toro opérer sa jonction avec l'administrateur de Saldé pour procéder à une démonstration dans le Bosséa, qu'il fut assassiné par Baïdi-Katié, indigène de Guia (canton de Guédé).

« Les officiers de la *Salamandre*, les fonctionnaires qui se trouvaient à Podor, les chefs du Toro et les principaux traitants et notables de l'escale se sont réunis à dix heures du matin autour du monument commémoratif. Le directeur des affaires politiques, délégué spécialement par M. le gouverneur du Sénégal, a retracé en quelques mots la carrière d'Abel Jeandet et a fait l'éloge des qualités de ce fonctionnaire; il a terminé son allocution par la lecture d'une lettre de M. Clément Thomas, actuellement gouverneur de l'Inde, gouverneur du Sénégal au moment où fut tué Jeandet. Puis M. Guillaumet, jeune explorateur qui se rend au Soudan, a lu un sonnet en l'honneur de Jeandet :

Jeandet, humble héros que tout le pays pleure,
C'est le cœur triste et fier que nous venons ici
Evoquer ta mémoire et te dire merci!
A toi dont l'âpre mort fit trop tôt sonner l'heure!

Mais l'immortalité, qui dans ce jour t'effleure,
Saura nous consoler de notre amer souci,
Car faisant ton devoir, tu nous appris ceci :
Vivre droit, bien mourir, le reste n'est qu'un leurre!

S'il est un autre monde où vivent les élus,
Tu veilleras sur nous et nous ne craindrons plus
De blessure nouvelle à la France meurtrie!

Renais donc! pour garder ton dévouement si beau,
C'est toute l'âme en deuil de la mère patrie
Que nous laissons fidèle au seuil de ton tombeau!

« Puis M. Merlin, directeur des affaires politiques, lut la lettre suivante adressée à M. de Lamothe, par M. Clément Thomas :

« J'apprends à l'instant que l'inauguration

« du monument d'Abel Jeandet doit avoir lieu
« très prochainement. L'administrateur Abel
« Jeandet a été assassiné au cours d'une im-
« portante et périlleuse mission que je lui
« avais confiée en 1890, alors que j'étais gou-
« verneur du Sénégal.

« Groupés autour du monument qui va être
« élevé à sa mémoire, tous ceux qui ont connu
« Abel Jeandet sentiront leur cœur battre
« d'émotion au souvenir du brillant fonction-
« naire mort victime de sa chevaleresque ar-
« deur, de celui dont on peut dire justement :
« il joignait à un courage héroïque le cœur le
« plus noble et le plus généreux.

« Je tiens à m'associer de loin aux regrets et
« aux sympathies de tous, et je vous serais
« très reconnaissant, monsieur le gouverneur,
« si vous vouliez bien charger un de vos délé-
« gués de lire ces quelques mots au pied du
« monument du brave Abel Jeandet le jour de
« son inauguration. »

Ce monument, élevé sur la principale place
de Podor, se compose d'une pyramide en mar-
bre blanc d'Italie, avec l'inscription suivante
gravée en lettres d'or :

A la mémoire d'Abel Jeandet
administrateur colonial, directeur des
affaires politiques du Sénégal et dépendances
assassiné le 2 septembre 1890 à Aéré
en service commandé
victime de son devoir et de son patriotisme.
Le Sénégal l'a pleuré et honore sa mémoire.

Paris, *20 Juin 1896*

Henry Carnoy

Professeur au lycée Montaigne

PARIS

G. COLOMBIER, Imprimeur de l'Armorial Français

et des Grands Dictionnaires Biographiques

4, RUE CASSETTE

DICTIONNAIRE BIOGRAPHIQUE

DES

HOMMES DE L'EST

Directeur : Henry CARNOY

Professeur au Lycée Montaigne
Directeur de la Tradition et de la Revue des Provinces
du Nord et de l'Est

Secrétaire de la Rédaction : Emile Maton

Critique d'art
Directeur du Dictionnaire international des Artistes
Rédacteur à la Revue historique des Provinces
du Nord et de l'Est

Le Dictionnaire formera un magnifique volume grand in-8° à deux colonnes, illustré de portraits. Il paraît régulièrement par fascicules de 16 pages.

Demander un spécimen de l'ouvrage, 128, boulevard du Montparnasse, à M. **Henry CARNOY**, directeur.

Imp. Colombier 4, rue, Cassette. — Paris.

www.ingramcontent.com/pod-product-compliance
Lightning Source LLC
LaVergne TN
LVHW012317050726
842524LV00004B/1457